AF509546

LES MODISTES

TABLEAU-VAUDEVILLE

EN UN ACTE,

Par MM. Ferd. DE VILLENEUVE, Ch. DUPEUTY et ***.

REPRÉSENTÉ A PARIS SUR LE THÉATRE DU VAUDEVILLE,
LE 7 FEVRIER 1824.

Prix : 1 Fr. 5o Cent.

PARIS,

AU MAGASIN DE PIECES DE THEATRE,

CHEZ DUVERNOIS, LIBRAIRE,

Cour des Fontaines, n°. 4, et Passage de Henri IV,
n°s. 12 et 14.

1824.

PERSONNAGES.		ACTEURS.

Mlle MARABOUT, marchande de modes. Mmes GUILLEMIN.

ÉVÉLINA, 1re.   VICTORINE.

AURORE, 2e.   Demoiselles de   DUSSERT.

FLORINE, 3e.   boutique.   CLARA.

LOUISE, 4e.   HUBY.

MADELEINE, bonne de la maison....... MINETTE.

M. BOUL-DOG, amant de Mlle Marabout. MM. HYPPOLITE.

M. TROIS-SIX, courtier marron........ FONTENAY.

M. CHANTEREINE, acteur-amateur..... GUÉNÉE.

M. MACASSAR, parfumeur breveté..... PITROT.

MARCHE-AU-PAS, tambour maître de la

garde nationale.................... PHILIPPE.

La scène se passe à Paris, dans un magasin de la rue Vivienne.

IMPRIMERIE DE HOCQUET.

LES MODISTES

TABLEAU-VAUDVILLE.

Le théâtre représente l'intérieur d'un magasin de modes. A droite et à gauche, sur le premier plan, une armoire à glace; dans le fond, des montres garnies de toques, de turbans et de chapeaux : une porte vitrée donnant sur la rue. A droite, un comptoir avec des trous à placer des poupées de carton ; en face une grande chaise élevée. A gauche, l'entrée d'un escalier tournant.

SCÈNE PREMIÈRE.

MADELEINE , *seule.*

(Elle finit d'ouvrir le magasin, en prenant son café.)

AH! que c'est ennuyant d'être bonne chez des marchandes de modes! faut être, à la fois, cuisinière, femme de chambre et garçon de magasin ; laver la d'vanture de la boutique, coucher dans une soupente, et tout ça pour 5o écus.... v'là-t-il pas un beau *venez-y voir!* ça n' s'rait pas pire chez des femmes mariées... ah! ah! voilà les autres boutiques qui ouvrent... c'est amusant quoiqu'ça, d'être dans un beau quartier comme la rue Vivienne... Dieu de dieu! y a-t-y des cancans à faire s'us c'te rue là !

Air : *Du trou là là.*

Tra là là, tra là là, tra là là,
Tra là là, tra là là, tra là, là,
Tra là, tra là là.

C'est tous les commis marchands
Qui sont aimabl's, complaisans,
Avec eux, on manqu' d'argent,
Mais on n' manqu' pas… d'agrément.

Tra là là, tra là là, etc.

C'est les lingèr's d'a côté
Qu'ont d' la candeur, d' l'honnêteté ;
Mais d'où vient qu'en Tirbury
All's vont à Mémorency.

Tra là là, etc.

SCÈNE II.

MADELEINE , MARCHE-AU-PAS.

MARCHE-AU-PAS.

C'est l' tambour de not' légion
Qui sait prendre en bon luron,
Sans l' demander… un baiser,
De d' peur d'être refusé.

Il l'embrasse.

MADELEINE.

Eh ben ! dites donc , n' vous gênez pas… il paraît qu' vous prenez vot' café.

MARCHE AU-PAS , *montrant la tasse qu'elle tient à la main.*

J' fais comme vous, sensible épousteuse.

ENSEMBLE , *en dansant.*

Tra là là, etc.

MADELEINE.

Mais par quel hasard ici ?

MARCHE-AU-PAS.

Ah ! c'est que je suis d' faction au Trésor royllial, et sitôt que l'aurore a doré les toits d'alentour , comme dit le proverbe , j'ai dit bonsoir au corps-de-garde , pour venir vous dire un petit bonjour… Mais il paraît qu'on ne déeûne pas à la fourchette ici ?

MADELEINE.

Ah ! ne m'en parlez pas ; ce magasin-ci, c'est une vraie boutique ; on n'a rien… Voulez-vous un petit verre ?

MARCHE-AU-PAS.

Oui... *de d' quoi?*

MADELEINE.

D'une petite bouteille de liqueur que j'ai économisée sur les dîners de madame. (*Elle va chercher une bouteille dans une armoire et lui verse un petit verre.*)

MARCHE-AU-PAS, *buvant.*

Tiens, c'n'est pas d'un goût trop incohérent! c'est quasi du cassis...voyons que je r'commence pour voir si je n'me trompe pas.

Air : *Dans un amoureux délire.*

De c'te liqueur, qui console
Qu' mon gosier soit imbibé;
Quand j' vous vois portant c'te fiole,
Vous m' faites l'effet d'Hébé.
Versez donc, ma toute belle,
Et j' vous en supplie. . en r'tour,
Pour prix d' vot' cassis, mamzelle,
Acceptez mon parfait amour.

Ah çà! puisqu'on est si mal dans cette maison-ci, d'où vient donc qu' vous n' plantez pas là vot' bourgeoise?

MADELEINE.

Laissez donc faire... j' patiente encore un peu, parce que je ne veux pas quitter avant l' jour de l'an; mais après all' pourra en chercher une autre.

MARCHE-AU-PAS.

Ah! j' conçois... en attendant feignons de feindre, afin de mieux dissimuler, comme dit l' proverbe.

MADELEINE.

Sûr'ment, car s'il revenait quelque chose aux oreilles de mamzelle Marabout sur vos fréquentations, all' me prierait d'aller voir à la porte si a y est.

MARCHE-AU-PAS.

Ah! all' ne veut pas qu'on ait de fréquentateurs chez elle; faut donc qu'al' n'ait pas pour deux liards de sensibilité... et qu'all' n' tienne pas d' père et mère, car d'après c' que vous m'avez dit...

Air : *De Paris et le village*.

Dans sa famill', les femmes, dieu merci,
D'rigueur ne sont pas susceptibles,
Et d'ordinaire on a l' cœur tendre aussi
Quand on est né d' parens sensibles.

MADELEINE.

All' d'vrait donc en c' cas, sans s' faire prier,
Du sentiment suivre le code;
Car elle est fill' d'un jeune premier,
Et d'une marchande de mode.

MARCHE-AU-PAS.

Allons, allons, c'est une sournoise qui cache son jeu,
et j' gagerais qu'il y a queuq' anglisch-man sous l' tapis.

MADELEINE.

Ah! mon dieu! il est déjà neuf heures... si ces demoi-
moiselles allaient arriver?

MARCHE-AU-PAS.

Ah bah! c'est aujourd'hui lundi, et elles ne se lèvent pas
d' si bonne heure ce jour-là.... elles arrivent au magasin
avec les yeux baissés et leur *buste* à la main...comme dit
l' proverbe.

MADELEINE.

Sauvez-vous, sauvez-vous! j'aperçois mamzelle Louise,
la petite demoiselle de boutique, celle qui porte les cartons;
all' arrive toujours avant les autres... et ce n'est pas étonnant, c'est la seule qui ne soit pas payée...

MARCHE-AU-PAS.

En ce cas, je m'efface.

MADELEINE.

Si vous avez un moment dans la journée, vous r' passe-
rez, n'est-ce pas?.. j' vous guetterai.

MARCHE-AU-PAS.

C'est dit... sur ce, belle Madeleine, je bats la retraite.
avec laquelle j'ai l'honneur d'être...comme dit l' proverbe.

(Il sort.)

SCÈNE III.

MADELEINE , LOUISE.

LOUISE.

Ah! vous êtes seule, Madeleine ?..je viens de voir sortir quelqu'un du magasin.

MADELEINE.

Oui, mamzelle, c'est un tambour maître...il venait comme ça pour... marchander un chapeau ; mais comme il n'y avait personne, je lui ai dit de r' passer... V'là c' que c'est que de n' pas être matineuse à la boutique.

LOUISE , *se mettant à l'ouvrage.*

Vous savez bien , Madeleine , que ce n'est pas à moi qu'il faut adresser ce reproche.

MADELEINE.

Ah! oui , il y a des jours...ça n'empêche pas qu'on vous a vue toute-à-l'heure causer avec M. Castor, le petit garçon chapelier du n°. 11... fi! que c'est vilain pour une marchande de mode , d'être coëffée d'un jeune homme qu' est dans les chapeaux !

LOUISE.

Que vous importe ?

MADELEINE.

Au fait, c' que j' vous en dis, c' n'est pas pour moi... mais, quoique je ne sois qu'une bonne , je ne voudrais pas d'un petit gringalet comme ça , tout d' même... allez , à votre place , vous, qui êtes gentille, j'aurais bien mieux aimé écouter ce grand monsieur blond de la Trésorerie , qui a des lunettes d'or , et qui vous lançait des œillades, le matin à dix heures , ou le soir à quatre heures , en r' venant de son bureau.

Air : *Mon Galoubet.*

C'est un trésor ;   *(bis.)*
S'il faut en croir' les apparences
Il vaut bien mieux qu' monsieur Castor ;
Pour payer bien des p'tit's dépenses ,
Un monsieur qu'est dans les finances
C'est un trésor.

LOUISE.

Madeleine, est-ce que madame n'a pas encore paru? est-
ce que ces demoiselles ne sont pas encore arrivées?

MADELEINE.

Tiens, cette demande... vous l'voyez ben, puisqu'il n'y
a encore que des têtes de carton à leurs places... (à part.)
Elle ne répond pas seulement à ce que je lui dis... p'tite
chipie! ou n'peut pas y arracher un mot. (haut.) Mais, t'nez,
les voilà toutes qui viennent, je les reconnais à leur ramage.

SCÈNE IV.

Les Mêmes, ÉVELINA, AURORE, FLORINE.

CHŒUR.

Air : *De l'avare en goguettes*

Ah! quel ennui !   (*bis.*)
J'éprouve ici,
De revoir le lundi ;
Plus de plaisir aujourd'hui,
C'est fini.

AURORE.

Ah! le dimanche,
Moi, je suis franche,
Me plait bien mieux
Car on est deux.

Reprise.

Ah! que ennui, etc.

ÉVELINA.

Allons, mesdemoiselles, il faut reprendre le collier de
misère... à l'ouvrage.

FLORINE.

Du tout, ma bonne... madame n'est pas là... ainsi,
à quoi bon?

ÉVELINA.

Au fait, causons... Dites donc, Aurore... qu'avez-vous
fait hier?

AURORE.

Nous sommes allés dîner au bois... à la porte Maillot...

et de là, nous sommes revenus le soir à Beaujon, en landau.

FLORINE.

Ah! oui... en landau... on sait ce que ça coûte... trente francs pour le dimanche... et trente-cinq avec la livrée.

AURORE.

Du tout, mademoiselle... c'est à lui.

FLORINE, à *Evélina.*

Alors, c'est qu'il l'a pour la quinzaine.

AURORE.

Ah! Dieu... Beaujon... c'est un endroit charmant... on y fait de fort jolies connaissances.

Air : *Des artistes par occasion.*

Des plaisirs c'est là l'hermitage,
Ce séjour a bien des attraits ;
Moi j'en aime le doux ombrage,
Et surtout les sombres bosquets :
Dubon genre on y suit le code,
On y dîne, c'est très-commode !
On voit maint galant bien frisé,
Plus d'un mari bien défrisé,
Surtout des marchandes de mode,
Enfin c'est très-bien composé.

ÉVÉLINA.

Eh bien! moi, ma chère, je ne suis pas comme vous... et je vais le dimanche à la campagne... au bal de Sceaux, on simple robe de percale blanche.

AURORE.

Ah! votre bal de Sceaux, on s'y ennuie!

ÉVÉLINA.

Quelquefois... mais au moins c'est honnête, et bon ton.

AURORE.

Laissez-moi donc... est-ce qu'on s'amuse quand on a bon ton... Moi d'abord je suis philosophe... Montmorency, des ânes, et du lait... je ne connais que ça.

ÉVÉLINA.

C'est bon pour vous, mademoiselle, qui ne tenez pas à
votre réputation; mais moi, je sais faire à la mienne tous
les sacrifices possibles... hier encore ..

Air : *Vaud. de l'étude.*

Le jeune homme qui m'accompagne
Voulait en galant chevalier
Me faire boire du Champagne
Chez Champeaux, ou chez Beauvilliers.
Mais je redoutais le scandale,
Et je lui répondis tout bas:
» Allons plutôt à la Vestale.
» On ne me reconnaîtra pas.

FLORINE.

Ah! bah... les jardins publics ! où les bals des envi-
rons de Paris, c'est à peu près la même chose ; je suis re-
venue de tout cela... et j'ai été hier voir un mélodrame...
moi d'abord, je n'aime que la bonne comédie.

AURORE.

Ce n'est pas étonnant, elle a été figurante à la *Porte Saint-
Martin.*

FLORINE.

Certainement... et même je dois bientôt débuter.

ÉVÉLINA.

Aux Français peut-être ?

FLORINE.

Non, du tout... chez M. *Séveste,* au *théâtre des Martyrs.*

Air : *Restez, troupe jolie.*

Je dois la semaine prochaine,
Me montrer aux regards surpris ;
Dans les chefs-d'œuvres de la scène
Mes rôles ont été choisis :
Oui, j'ai pris, afin de séduire,
Deux pièces que nous admirons ;
Car je débute dans *Zaïre*
Et la *Marchande de Goujons.*

MADELAINE.

Dites donc, mam'zelle Florine, vous m'ordonn'rez un
billet, n'est-ce pas ? (*A part à Evélina.*) J' parie qu'elle se
fait siffler.

AURORE.

Ah! mesdemoiselles, regardez donc, Louise qui s'est mise à travailler sans rien dire.

MADELAINE.

Laissez donc... c'est une petite sournoise... Vous ne voyez donc pas qu'elle a laissé un jour entre deux chapeaux,

FLORINE.

Ah! oui... pour faire les yeux doux à son petit bon ami dans la boutique d'en face... Dites donc, Louise, avez-vous été faire avec lui une promenade sentimentale hier soir sur le boulevard du Pont-aux-Choux?

LOUISE.

Vous vous trompez, mademoiselle, nous avons passé la soirée chez nos parens.

FLORINE.

C'est ça... ils ont joué au *lotu*, au *vingt-et-un*, ou aux jeux innocens... vous savez mesdemoiselles.

LOUISE.

Laissez-moi tranquille... vous êtes toujours à me tourmenter... Madame m'a dit de porter ce carton en ville... j'y vais... et vous feriez bien mieux de vous mettre à l'ouvrage.

ÉVÉLINA.

Ah! mesdemoiselles, elle a raison ; car vous savez que vous avez à finir une toque blanche pour cette grande actrice d'un petit théâtre, qui joue ce soir dans une pièce nouvelle.

FLORINE.

Au fait, c'est très-important, à ce qu'on dit : l'administration compte sur l'auteur, l'auteur sur l'actrice, et l'actrice sur son chapeau, pour le succès de l'ouvrage.

ÉVÉLINA.

Allons, allons, au comptoir... et vous, Madelaine, laissez-nous... vous savez bien que Madame vous a déjà dit de ne pas rester dans la boutique après dix heures... Voir une paysanne ici, ça fait du tort au magasin.

MADELAINE.

Une paysanne... Ah! écoutez donc, mam'zelle Evélina, n' faut pas avoir un air de vexer le monde... on sait que madame votre mère tire l' cordon.

ÉVÉLINA.

Dieu ! que cette fille a mauvais ton ! Allons, taisez-vous, impertinente, et sortez.

CHŒUR *de Gautier et Garguille.*

Vîte à nos places mettons-nous,
Ayons du courage
A l'ouvrage ;
Vîte à nos places mettons-nous,
Et le repos après sera plus doux.

FLORINE.

Il faut achever ces turbans
Pour cette mère de famille,
Qui refuse tout à sa fille
Et qui porte des diamans.

AURORE.

Plaçons sur cette glaneuse
Ces épis, et ces bluets,
Que payera cette danseuse
Avec l'argent d'un Anglais.

Reprise.

Vîte à nos places mettons-nous, etc.

Louise prend un grand carton, et sort, Madeleine monte l'escalier.

SCÈNE V.

FLORINE, AURORE, EVELINA, *au comptoir.*

AURORE.

Vous ne savez pas, mesdemoiselles, il y a eu dimanche huit jours, j'ai rencontré madame aux montagnes Belleville.

FLORINE.

Comment !... elle qui fait tant la prude !

AURORE.

Oui... elle était avec un monsieur d'un certain âge, mis comme un Anglais.

ÉVÉLINA.

Ah!... avant de tenir de semblables propos, il faudrait être bien certaine...

AURORE.

Parbleu! puisque je l'ai vue moi-même... et tenez, j'étais ce jour-là avec la personne qui...

FLORINE.

Qui ça?... Alfred, Auguste, Jules, Oscar, ou Alexandre.?..

AURORE.

Alexandre... non, du tout... il a un siècle que nous sommes brouillés... depuis quinze jours je ne parle plus à monsieur. *Ah! ma chère, il m'a fait des traits...*

ÉVÉLINA.

Comment! c'est donc un nouveau?...

AURORE.

Ecoutez donc... si l'on me fait la cour, c'est dans des vues honnêtes.

FLORINE.

Et à moi aussi.

ÉVÉLINA.

Et à moi aussi.

AURORE.

D'ailleurs la personne qui me parle à présent est un jeune homme très-comme il faut... Un grand brun, et qui a un cabriolet... voilà comme je les aime.

FLORINE.

Ah! ma chère, vous avez bien tort d'aimer les bruns... Le mien est blond... redingotte à la russe, cravate à l'anglaise, pantalon à la tartare, cheveux bouclés à la prussienne, et repentir en amoureux de pantomime... Enfin tout-à-fait bon ton.

ÉVÉLINA.

Ah! que c'est commun, mesdemoiselles, des cheveux comme ça... La personne qui me parle, n'en a pas du tout; mais en revanche, elle est fort aimable.

AURORE.

Et quel état?

ÉVÉLINA.

Ma foi, je ne le lui ai pas demandé.

FLORINE.

Ni moi.

AURORE.

Ni moi non plus.

Air : *Je suis colère et boudeuse.*

D'abord, je fais sa conquête
En dansant à Tivoli ;
Et pour lui tourner la tête,
Bientôt je valse avec lui :
Sur les montagnes je glisse,
Il devient plus amoureux ;
Enfin au feu d'artifice,
Il me déclare ses feux.

FLORINE.

Du mien je fis connaissance
En revenant de Pantin ;
Nous étions en diligence,
L'amour y fait du chemin :
Je cessai d'être rebelle,
Un soir, chez monsieur Doyen,
Je faisais une infidelle,
Et lui faisait un Troyen.

EVELINA.

Le mien s'y prit de la sorte,
Qu'en vain mon cœur résistait ;
J'eus beau lui fermer ma porte,
Monsieur le soir me suivait ;
Pour me prouver qu'il m'honore,
D'un *Ternaux* il m'a fait don,
Bref... je l'aime, je l'adore,
Mais je ne sais pas son nom.

AURORE.

Vous me croiriez pas, mesdemoiselles, que monsieur voulait se donner les tons de venir me voir au magasin... mais je lui ai bien recommandé de n'en rien faire, cependant, avec un peu d'adresse... un jeune homme qui a de l'habitude... pourrait, ce me semble, sous un prétexte quelconque...

ÉVÉVINA.

Oui, mademoiselle... mais j'espère bien que cela n'arrivéra pas... D'abord, pour moi, je suis sûre qu'on ne se permettra jamais une pareille inconvenance.

AURORE et FLORINE.

Ni pour nous non plus, certainement.

SCÈNE VI.

Les Mêmes TROIS-SIX, CHANTEREINE, MACASSAR.

CHOEUR.

Air : *De la Clochette.*

Nous voilà, (*bis.*)
Bonjour, mesdemoiselles,
Nous voilà,
En chevaliers fidelles,
Nous voilà. (*4 fois.*)

ÉVÉLINA, AURORE, FLORINE, *en les voyant entrer.*
O ciel!... c'est lui.

TROIS-SIX.
Vive la joie... il n'y a personne.

ÉVÉLINA.

Comment!... messieurs, vous osez, en plein jour.

AURORE.

Ah! mon Dieu... si mademoiselle Marabout allait descendre!...

FLORINE.
Mais, messieurs, vous vous connaissez donc?

TROIS-SIX.

Oui, mesdames, nous sommes même trois amis intimes.. notre attachement a commencé depuis quelques jours à un café des boulevards.

CHANTEREINE.

Et notre éternelle amitié a été jurée hier au rocher de Cancale.

MACASSAR.
Entre une cloyère d'huîtres vertes et un pâté de Périgueux.

TOUS TROIS.

Air : *De Fanchon.*

Le plaisir nous inspire ;
Dans son joyeux délire,
Nous cherchons la félicité ;
Nous aimons la franchise,
Nous redoutons l'austérité ;
Enfin notre devise,
Est : *bombance, et gaîté.*

ÉVÉLINA.

Ah ! messieurs, quand nous vous avons donné notre adresse, nous ne pensions pas que vous en abuseriez si promptement... vous présenter vous mêmes... toutes les règles sont interverties... et puis nous vous connaissons si peu.

TROIS-SIX.

Précisément, c'est là le motif qui nous amène ; et vous allez savoir qui nous sommes... Moi je m'appelle Trois-Six... je suis courtier de commerce en spiritueux... courtier sans patente, c'est-à-dire, marron. Je ne vais jamais à la bourse, par bienséance... et puis parce qu'on ne m'y reçoit pas... mais c'est égal : mon état n'en est pas moins excellent. Dès le matin je m'élance dans mon tilbury... je brûle le pavé, je fais claquer mon fouet, j'écrase les chiens, j'éclabousse les passans, je pousse, j'accroche, je culbute, mais j'arrive... Par ce moyen, je brasse les affaires, je les souffle au courtier patenté, qui n'a que le cheval de louage... Je travaille la hausse, j'exploite la baisse des liquides... Bref, par moi les maisons sautent, les banqueroutes se succèdent... mais moi je touche mes courtages, et me je moque du reste.

Air : *Du pot fleurs.*

Ce commerce est comme une planche
Qu'on voit toujours s'inclinant d'un côté ;
Quand l'un s'élève, aussitôt l'autre penche,
Entre les denx, moi, je reste posté.
Ne m'écartant jamais de ma formule,
Du destin j'observe le cours ;
Le joueur tombe, et moi je suis toujours
Ferme, au milieu de la bascule.

CHANTEREINE.

Moi, mesdemoiselles, c'est autrechose... j'ai tous les

états, ou plutôt je n'en ai pas... je m'appelle Chantereine,
acteur par désœuvrement... j'ai été tour à tour surnumé-
raire dans une administration... clerc d'huissier, clerc
d'avoué, clerc de notaire, ou commis marchand... mais
il fallait tantôt rester à l'étude, tantôt copier, grossoyer,
porter des assignations ou des paquets... vendre au détail...
ma foi, tout cela m'ennuyait... Que voulez-vous .. moi...
j'aime à m'amuser... je trouve que j'étais fait pour avoir
25,000 livres de rente... mes parens me donnent cent francs
par mois... je dépense cent louis... j'emprunte... je fais
des lettres de change... mais qu'est-ce que cela me fait? je
suis mineur... Cependant, toutes réflexions faites, je crois
que je finirai par suivre ma véritable vocation... celle du
théâtre... je m'essaye déjà en société, et surtout rue Chantereine... je cumule assez agréablement dans le mélodrame
ou l'opéra-comique, l'emploi des dissimulateurs farouches,
des légers ménestrels, ou des sensibles troubadours...
surtout quand mademoiselle Florine consent à faire ma
Dulcinée.

Air : *Vos maris en Palestine.*

Dans plus d'un rôle comique
On m'applaudit fort souvent,
Et même dans le tragique
J'eus toujours de l'agrément.

A Florine.

Non, mon talent n'est pas mince,
Mais je vaux bien mieux, je croi,
Quand vous jouez avec moi...
Lorsque je fais votre prince,
Je suis heureux comme un roi.

MACASSAR.

Moi, mesdames, ma réputation est européenne... dans
le département de la Seine... je me nomme Macassar...
auteur et compositeur de la fameuse huile qui doit im-
mortaliser mon nom... je suis également le créateur
des parfums... vulgairement connus sous les dénominations
si redondantes d'*eau merveilleuse, crême du Cathay, baume
de la Mecque, fluide de Java,* et cætera, et cætera... bré-
veté de plusieurs souverains étrangers... *A bas les perruques,
triomphe, merveille!* .. c'est mon cri, c'est ma devise, c'est
ce que je dis, c'est ce que j'imprime sur toutes les mu-
railles ou colonnades de la capitale... en lettres vertes

et oranges, d'un demi-pied de longueur, avec cinq points d'exclamation... Mon domicile est *partout* et *nulle part...* ce qui veut dire, en bon français, que j'ai des dépôts dans presque toutes les rues de Paris... enfin, j'entreprends la fraîcheur du teint, en gros et en détail, et l'on m'a surnommé l'éditeur responsable de la beauté parisienne.

FLORINE.

Mais, M. Macassar, pourquoi donc êtes-vous chauve ?

MACASSAR.

Pour en prouver l'inconvénient, mesdemoiselles, et forcer les incrédules à me donner leur confiance... et leur argent... Du reste, je ne crains pas les contrefaçons, car j'ai mon brevet dans ma poche.

Air : *Eh ma mère, est-ce que je sais ça.*

Un jour, en fait de chimie
Voulant avoir des talens,
Moi, j'achetai du génie
Moyennant quinze cents francs :
En affaires je vais vîte,
Comme en réputation ;
Et suis homme de mérite
Par brevet d'invention.

FLORINE.

Mesdemoiselles... voici madame qui descend.

ÉVELINA.

Ah! mon dieu, messieurs, sortez vîte.

AURORE.

Impossible... voici Louise qui rentre aussi... comment faire ?

MACASSAR.

Soyez tranquilles... Messieurs, imitez-moi.

SCÈNE VII.

Les Mêmes, Mlle MARABOUT, LOUISE.

Mlle MARABOUT.

Quelqu'un ici !... Messieurs, que demandez-vous ?

MACASSAR. *Il enfonce son chapeau et rabat le collet de son habit.*
Jouant l'accent anglais.

Mistriss Mérébout.

Mlle MARABOUT.

C'est moi, messieurs... Louise, donnez des chaises.

(19)

(Louise approche des chaises.)
MACASSAR.

Je étais dans les goddem... *Merchant from London..,*
(Montrant Chantereine.) Monsieur il était italienne.
CHANTEREINE, *à part.*

Oh l'imbécille. *(Haut)* (*prenant l'accent italien.*) Si... io
sei di Milano.
MACASSAR.

L'autre, il était un baron allemand.
TROIS-SIX, *à part.*

Ah ! que c'est bête. *(Haut)* (*contrefaisant l'allemand.*) Dé
Francfort... ia mener.
MACASSAR.

Vous allez montrer à nous pour le achétement dans
les chapeaux...
Mlle MARABOUT.

C'est bien, messieurs... Allons, mesdemoiselles, mon-
trez des chapeaux.
TROIS-SIX.

Ce était bour tonner à mon femme... vous m'en ton-
nerez un rouche si fous blait.
CHANTEREINE.

Vi me donnerez uno de piousiours coulours...
MACASSAR.

Moi, jé lé voulais en paille de... comment appelez-
vous ?... en paille de poiage.
Mlle MARABOUT.

En paille de riz... voulez-vous dire ?
MACASSAR.

Ies... ies...de riz. Avec des petits plumets et des grandes pe-
nêches.. et cher. . cher... bien cher .. parce que la
maîtresse à moi il aimait moi, sur le cherté dans les
chapeaux.
ÉVELINA, AURORE, FLORINE, *présentant des chapeaux à*
tous trois.

Air : *Vaud de Turenne.*

Est-ce bien là votre nuance ?
MACASSAR, CHANTEREINE, TROIS-SIX

Ies , ies ,

Si, si ,   Nous la trouvons fort bien.

Ià , ià

EVELINA, AURORE, FLORINE.
Ces chapeaux-là vous conviendront, je pense.

MACASSAR, CHANTEREINE, TROIS-SIX, *à part*.
Ils sont pour vous, n'en dites rien.

LES DEMOISELLES.
La forme en est et nouvelle et gentille,
Les prendrez-vous, messieurs, au magasin.

LES HOMMES.
Non pas, chez nous apportez les demain,
Et nous n'oublierons pas la fille.

MACASSAR.

Mistriss Mérébout... nous avons le plaisir de quitter
vous... (*bas à Evelina*) nous reviendrons dans la journée.

CHANTEREINE, *bas à Florine*.
Nous épierons le moment où vous serez seules.

TROIS-SIX, *bas à Aurore*.
S'il était trop tard... nos chapeaux au bout de nos
cannes, par-dessus les rideaux... comme ça se pratique
ordinairement... Adieu, mesdemoiselles.

LES DEMOISELLES.

Air : *Du Menteur ; ou de la Visite à Bedlam.*

Ici, vous avez dû voir
Comme on traite la pratique,
Aussi dans notre boutique
Nous espérons vous revoir,

LES DEMOISELLES.
Ici, vous avez dû voir, etc.

LES HOMMES.
Ensemble.
Ici, nous avons pû voir
Comme on traite la pratique ;
Aussi dans votre boutique
Nous reviendrons vous revoir.

SCÈNE VIII.

Mlle MARABOUT, ÉVELINA, AURORE, FLORINE, LOUISE.

Mlle MARABOUT, *elle s'assied sur une grande chaise en face
du comptoir. Les demoiselles reprennent leurs places.*
C'est bien, mesdemoiselles, je suis contente de vous...
mais remettez-vous vîte à l'ouvrage... je vais vous donner-

l'exemple, et surtout pour rétablir la réputation des marchandes de modes... pas d'intrigues... méfiez-vous de
tous les hommes.

Air : Du comte Ory.

Cachant leur scélératesse
Sous des dehors séduisans,
Ils vanteront leur tendresse.
LES DEMOISELLES.
Oui, mais ils perdront leur tems,
Mlle MARABOUT.
Croyez mon expérience ;
Ces messieurs. je le sais bien,
N'en veulent qu'à l'innocence,
LES DEMOISELLES.
Alors nous ne craignons rien.
Mlle MARABOUT.
Tremblez, mesdemoiselles,
Ce sont des infidèles ;
Avec eux tout est perdu,
Tout, sans la vertu.
LES DEMOISELLES.
Quoi vraiment! tout serait perdu?
Si nous perdions notre vertu.
TOUTES.
Oui, vraiment, tout est perdu,
Tout, sans la vertu.

Mlle MARABOUT.

Je ne veux pas qu'on ait d'amans chez moi... et je
chasserais la première qui se permettrait de faire une connaissance... suivez mon exemple... soyez sages .. personne ne me fait la cour à moi.

SCÈNE IX.

Les Mêmes, MADELEINE.

MADELEÏNE.

Madame, madame... v'là une lettre qu'un monsieur m'a
chargée de vous remettre.
Mlle MARABOUT.

Hein!... plaît-il... une lettre!... silence donc.

MADELEINE.

C'est d'un gros monsieur... qu'a un petit chien sous l'bras... il m'a donné la pièce pour vous apporter ce billet.

Mlle MARABOUT.

C'est bon... c'est bon... taisez-vous, bavarde... (*parcourant le billet; haut, s'adressant aux demoiselles.*) c'est une lettre de commerce.

FLORINE, *à part.*

Dites donc, mesdemoiselles, une lettre de commerce.

Mlle MARABOUT.

Mesdemoiselles... allez faire les commissions que je vous ai données hier.

MADELEINE.

Madame... y a-t-il une réponse?

Mlle MARABOUT.

Plus bas donc, sotte que vous êtes... (*bas*) Dites-lui qu'on peut entrer dans l'instant. (*Madeleine sort*) (*haut*) Allons, mesdemoiselles, partez sur-le champ.

ÉVELINA, *à part.*

Ah! que c'est ennuyeux... faire faire les courses à une première demoiselle... peut-être pour trois francs qu'on lui redoit... est-ce ridicule? je m'en vais prendre un cabriolet, moi... parce que ça m'éreinte de courir.

CHŒUR.

Air : *des Grisettes.*

Chacune de nous, pour en être quitte,
Va se dépêcher de revenir,
Ah! nous partirions, je crois bien plus vîte,
Si c'était pour voler au plaisir.

(*Elles sortent.*)

SCÈNE X.

Mlle MARABOUT, BOUL-DOG.

BOUL-DOG, *entrant avec un petit chien sous le bras.*

On peut entrer, mon ange, ma belle, ma charmante.

Mlle MARABOUT.

Bonjour, M. Boul-Dog... bonjour, vilain.

(23)

BOUL-DOG.

Vilain... que c'est joli, ça, pour un amant.

Mlle MARABOUT.

Vous êtes d'une légèreté impardonnable.

BOUL-DOG.

Désolé... Une autre fois, j'y prendrai garde.

Mlle MARABOUT.

Qu'avez-vous donc là, sous le bras ?

BOUL-DOG.

Un échantillon de marchandise que je vous apporte.

Mlle MARABOUT.

De marchandise ?...

BOUL-DOG.

Oui, mon bijou... Dans un siècle oú tout est vieux, tout est usé, j'ai voulu me créer une nouvelle branche d'industrie... Quoique simple badaud, j'ai pris un nom anglais... Je m'appelle Boul-Dog, et j'ai placé mes espérances de fortune sur la tête de cet ces petits quadrupèdes...

Air : *de partie carrée*.

Des animaux la famille innocente
Est bien digne de quelque égard,
Pour cette classe intéressante
Je veux réserver tout mon art ;
Désormais mes talens magiques
Sont consacrés aux bêtes...

Mlle MARABOUT.

En ce cas,

Il est certain, mon cher, que les pratiques
Ne vous manqueront pas. (*bis.*)

Je fus l'éducateur et le père nourricier du premier des Munitos...Avant, j'avais commencé ma carrière commerciale, par exploiter la race dite des *Roquets*... mais, depuis quelque temps, l'épagneul est passé de mode, et le carlin dégénère... Pour les remplacer, j'ai importé, tout nouvellement d'Angleterre, ces jolis petits chiens griffons blancs, d'une si belle laideur, qu'on voit perchés entre les jambes des cochers, sur les landaus, ou les tandem de nos ladies et de nos fashionables parisiens... Fureur... car, depuis longtemps chez nous, il n'y a de lucratif que ce qui a sauté le le Pas-de-Calais.

Mlle MARABOUT.

Ah! çà, vous dites donc que c'est pour moi, ce joli petit animal?

BOUL-DOG, *lui remettant le chien.*

Oui, ma chère amie .. je vous l'offre... et vous le garantis... Toutou a été, hier, le premier de sa classe.

Mlle MARABOUT.

Il est charmant... Ah! ça, c'est assez parler de cette petite bête... parlons de vous. Toute la maison... toute la rue... tout le quartier... tout Paris sait que ma boutique est renommée pour la vertu... Mes demoiselles, et même jusqu'à ma bonne, tout le monde est sage ici. Je ne voudrais pas pour un cachemire, que l'on connût ce qu'un amant bien tendre et bien soumis doit cacher à tous les yeux.

BOUL-DOG.

C'est dur... mais c'est comme cela... l'on s'y conformera...

ENSEMBLE.

Air : *Vivent les Gascons*

En dépit de nos vifs regrets
Il faut qu'un sévère
Mystère
Pour en assurer le succès
Couvre quelque tems nos projets.

On entend du bruit.

Mlle MARABOUT.

O ciel! l'on vient... quel contre-tems!
Que pourrai-je leur faire accroire?

BOUL-DOG.

Il faut cacher nos sentimens.

Mlle MARABOUT.

Cachez-vous plutôt dans l'armoire.

(Elle le pousse.)

BOUL-DOG.

Quelle idée!... Comment? vous voulez absolument que je...

Mlle MARABOUT.

Oui... oui... vous, et votre petit chien... Tenez, le voilà... prenez-le, il y a place pour deux.

(Elle le lui rend.)

BOUL-DOG.

Surtout, ne me laissez pas trop long-temps là-dedans.

REPRISE.
En dépit de nos vifs regrets ,
Il faut , etc.
Il entre dans l'armoire , elle en ferme la porte.

SCÈNE XI.

Les Mêmes, MADELEINE.

MADELEINE.

Madame... Madame... mais, montez donc au magasin.

Mlle MARABOUT.

Eh bien! quoi... qu'est-ce qu'il y a?

MADELEINE.

Ah! eh pardienne... y a des pratiques qui s'impatientent.

Mlle MARABOUT.

C'est bon... on y va... que diable... il faut avoir un peu de patience. (*Bas, en passant près de l'armoire et avec intention.*) Il faut avoir un peu de patience.

(*Elle sort.*)

SCÈNE XII.

MADELEINE, BOUL-DOG, *caché.*

MADELEINE.

Bon... la v'là là-haut pour queuqu' temps.

BOUL-DOG , *à part, entr'ouvrant l'armoire.*

Prenons un peu l'air... car on étouffe ici.

MADELEINE.

Ces femmes... c'est si capricieux.... ça fait détaler toute la marchandise, et quelquefois sans rien acheter... Aussi, j' gagerais ben qn' madame est là-haut au moins pour deux heures.

BOUL-DOG , *à part.*

Eh bien! j'ai le temps de m'amuser là , moi.... Si cette maudite bonne pouvait sortir.

SCÈNE XIII.

Les Mêmes, MARCHE AU-PAS.

MARCHE AU-PAS , *entrant avec précaution.*

Madeleine est seule... je crois que je puis entrer...

En avant l' petit roulement d' sentiment... Me v'là, mon objet, présent à l'appel, comme vous voilliez.

BOUL-DOG , *à part.*

Ah là ! ah là là là... un militaire... je suis bloqué.

(*Il referme l'armoire.*)

MADELEINE.

Quiens... vous v'là... Ah ben ! vous profitez du bon moment, n'y a personne.

MARCHE-AU-PAS.

Je l'sais aussi ben que' vous , la p'tite mère... puisque j' m'étais posté là en sentinelle perdue... chez l' marchand d'vin du coin d' la rue Vivienne... Et quand j'ai évu vu filer ces demoiselles, j' suis accouru au pas r'doublé... J'ai jeté dans la boutique un coup-d'œil scrutateur et insidieux... d'où j'ai vu que je n' voyais rien... C' qui fait que j' suis entré pour conversationner un instant avec ma personnière, comm' dit i' proverbe.

MADELEINE.

Dieu ! qu'on est heureuse d'aimer un homme circonspexe et attentionné.

MARCHE-AU-PAS.

Un peu, belle Madeleine ! amour, fidélité, constance, et, pas d' cancans... c'était la d'vise du régiment.

(*Il veut l'embrasser.*)

MADELEINE.

C'est bon... mais, pas d' gesticulations ; vous savez que j' les z'haïs.

MARCHE-AU-PAS , *la faisant reculer contre l'armoire.*

Quoiqu' ça j' la tiens, c'te menotte grasse et potelée !

MADELEINE.

Quiens ! grasse... Pardienne, j' crois ben, quand on fait la cuisine... dites donc ..

MARCHE-AU-PAS , *lui baisant la main.*

En v'là un qu'a raisonné... ni plus ni moins qu'les timbales et not' grosse caisse un jour de parade.

BOUL-DOG , *entr'ouvrant l'armoire.*

J'crois qu' j'ai entendu queuque chose... que vois-je, c'est la bonne si sage , qui s' fait embrasser par le tambourmajor...

MADELEINE , *voulant lui donner un soufflet.*

Finissez donc...

MARCHE-AU-PAS , *lui arrétant la main.*

Parez tierce... on ne touche pas à ça... Soufflet donné

par main jolie , fait plus de mal que de plaisir... comme
dit l' proverbe,

MADELEINE-

Ah! mon Dieu! v'là ces demoiselles qui rentrent déjà...
qu' c'est ennuyeux; on n'a pas un moment à soi.

MARCHE-AU-PAS.

Je m' sauve... Ahi, ahi, ahi... dites donc, les défilés
sont occupés. . j' suis cerné ... où battre en retraite?

MADELEINE , *allant à l'armoire de droite.*

Tenez... dans ct' armoire... Ah! mon Dieu! qu'est-ce
donc qu'il y a dans la serrure... je n' peux pas l'ouvrir...
(*Allant à l'armoire à gauche.*) Alors , dans celle ci, vîte ,
cachez-vous.

MARCHE-AU-PAS , *se fourrant dans l'armoire.*

Allons , me v'là consigné à la salle de police... pourvu
qu'il ne me prennent pas par famine, comme dit le proverbe.

BOUL-DOG , *à part.*

Et de deux.   (*Madeleine se sauve.*)

SCÈNE XIV.

BOUL-DOG ET MARCHE - AU - PAS *cachés .*
EVELINA , AURORE , FLORINE.

CHŒUR.

Air : *J'aime les amours.*

Ah ! que Paris est ennuyeux !
C'est un séjour dangereux
Et fâcheux ;
On craint pour son cœur
Son honneur ,
Pour sa pudeur ,
Sa candeur !
Quelle horreur!

AURORE.

On ne peut pas
Y faire un pas
Sans qu'un galant ne vous offre son bras.

FLORINE

D'un petit air honnête, et doux ,
On lui répond : *pour qui me prenez-vous ?*

EVELINA.

Souvent même ces messieurs persistent..... les jeunes
gens maintenant sont si mal élevés !... on a beau leur ré-
péter : « mais finissez donc , monsieur , vous me prenez
« pour une autre. » Ils vous suivent, ils vous demandent
votre adresse.... bien plus , ils ont quelquefois la malhon-
nêteté de vous offrir un petit sautoir de Cachemire , une
écharpe en crêpe de Chine ; enfin tout ce qu'il y a de plus
nouveau dans ce genre-là... C'est affreux !

Reprise ensemble.

Ah ! que Paris est ennuyeux !
C'est un séjour dangéreux , etc., etc.

MARCHE-AU-PAS, *à part , entr'ouvrant l'armoire.*

Le fait est que les hommes sont de fameux farceurs , par
le temps qui court.

BOUL-DOG , *de même.*

Celles-là , par exemple , sont ferrées sur les principes.

AURORE.

Dites donc , mesdemoiselles , il me semble que je viens
d'apercevoir un chapeau d'homme au bout d'une canne ,
passer devant la boutique.

FLORINE.

Oui... en voilà même deux.

EVELINA.

En voilà trois. *On apperçoit les chapeaux.*

AURORE.

Ce sont ces messieurs ; je vais leur ouvrir. (*elle va ouvrir
la porte.*) Entrez, nous sommes seules.

SCÈNE XV.

Les Mêmes, **TROIS-SIX , CHANTEREINE ,
MACASSAR.**

MARCHE-AU-PAS , *à part.*

Mille z'yeux ! v'là un renfort qui m' colloque indéfiniment.

BOUL-DOG , *de même.*

Il paraît que leur innocence ne sera pas de longue durée.

TROIS-SIX.

Nous voilà fidèles au rendez-vous , comme vous voyez.

MACASSAR.

Eh bien ! que dites-vous de notre ruse de tout à-l'heure ?
j'espère que nous nous en sommes joliment tirés.

CHANTEREINE.

Ah çà ! mesdemoiselles , nous venions pour vous demander si vous êteslibres ce soir, et ce que vous comptez faire...
Voulez-vous aller au spectacle ? je vous aurai facilement des
billets de tous les théâtres , à moitié prix.

(On entend la voix de Mlle. Marabout et de Madeleine.)

EVELINA.

O ciel ! j'entends la voix de madame...comment faire ?..
Ah ! messieurs , je vous en supplie , ne nous perdez pas ,
respectez nos réputations... cachez-vous.

AURORE.

Oui , mais où ?.. ah ! dans ces armoires.

BOUL-DOG , *à part , fermant son armoire.*

Non pas, diable !.. cramponnons-nous à la serrure.

MARCHE-AU-PAS , *à part.*

Une minute, la place est prise.

AURORE et FLORINE.

Ah ! mon dieu !.. impossible de les ouvrir.

EVELINA.

Il faut pourtant.... ah ! sous ce comptoir... vîte , ôtons
ces têtes de carton.

*(Les amans se réfugient sous le comptoir, et y passent leurs
têtes , les demoiselles s'empressent de les couvrir de chapeaux...
et feignent d'y travailler.)*

SCÈNE XVI.

Les Mêmes , Mlle MARABOUT , MADELEINE , et
LOUISE (*rentrant.*)

Mlle MARABOUT.

Dieux ! ces demoiselles ici !... (*à part.*) Doit-il avoir
chaud ?

MADELEINE.

Et mon Tambour qui est encore en faction.

Mlle MARABOUT.

N'importe; ne nous déconcertons pas... Ah! nous voilà, mademoiselle Louise ... vous avez été bien long-tems dans vos courses... C'est sans doute pour parler encore à votre monsieur Castor... je vous le déclare, mademoiselle, cette conduite ne peut pas me convenir... et si cela continue, nous serons forcées de nous séparer... Fi! que c'est vilain d'avoir un amoureux!

LES TROIS DEMOISELLES.

Ah! certainement... c'est affreux!

MADELEINE.

Le fait est qu'il n'y a rien de si mal.

Mlle MARABOUT.

Faites comme moi, mesdemoiselles... je donne l'exemple... j'espère... faites comme moi.

(*On entend Toutou aboyer dans l'armoire.*)

TOUTES.

Qu'est-ce que c'est que ça !

Mlle MARABOUT.

Ah! maudit petit chien !.. je suis perdue.

BOUL-DOG , *ent'ouvrant l'armoire.*

Mais, tais-toi donc, vilain animal.

MADELEINE , *montrant l'armoire de gauche.*

Madame, madame, je crois que c'est dans cette armoire.

(*Elle va l'ouvrir.*)

Mlle MARABOUT.

Du tout... c'est dans l'autre... (*Elle l'ouvre de même.*) Que vois-je !.. un tambour-major !

MADELEINE.

Ah ! mon Dieu !.. un Anglais, et un chien !

BOUL-DOG , *sortant de l'armoire.*

Comme vous voyez... (*à part.*) Ouf !... il était tems.

MARCHE-AU-PAS , *à part.*

Enfin , me v'là r'levé d'la guérite du sentiment... c'n'est pas sans peine... (*haut*) mais attendez, ce n'est pas fini. (*Trois-Six , Chantereine, et Macassar, se lèvent tout droit avec les chapeaux sur la tête.*) tenez.. v'là le corps de réserve qui fait sa manœuvre, comme dit le proverbe.

Mlle MARABOUT.

Ah! Grand Dieu !.. Cinq hommes chez moi ... Madeleine, vîte, mon eau de Portugal...

CHOEUR GÉNÉRAL.

Air : *de Rossini.*

TOUT LE MONDE.

Quel embarras !
Pour moi quel mauvais pas !
Comment donc faire ? hélas !
Je n'en sortirai pas.
Mon dieu ! quel embarras !
Pour moi quel, etc., etc.

Mlle MARABOUT.

Eh ! mais... je ne me trompe pas... ce sont ces trois négocians étrangers.

EVELINA, AURORE et FLORINE, *à part.*

Nous sommes prises.

FLORINE, *regardant Boul-Dog.*

Mais attendez donc... je connais aussi monsieur, c'est l'Anglais des montagnes de Belleville.

Mllo MARABOUT.

Tout est découvert... ô ma réputation !

LOUISE.

Madame, je vous annonce que je vous quitte.

Mlle MARABOUT.

Comment !.. et, où allez-vous donc, mademoiselle ?

LOUISE.

Je m'établis, madame, avec monsieur Castor qui m'é-pouse... je vous souhaite autant de bonheur avec ces messieurs.

Mlle MARABOUT.

C'est bon... Allons, allons, oublions tout... mais je vous en prie... la plus grande discrétion... pour l'honneur des Marchandes de Modes.

VAUDEVILLE.

Air : *Du tra là là là.*

Mlle MARABOUT.

Taisons-nous aujourd'hui,
Sur tous les défauts d'autrui,
Le plus sage, à son tour,
Commet sept fautes par jour.

REPRISE EN CHOEUR.

Taisons-nous, etc.

CHANTEREINE.

Sur ce bourgeois comédien
Qu'on voit chez monsieur Doyen,
Dans Achille, avec fierté
Mettre un S au lieu d'un T.,
Taisons-nous. (*bis.*)
Ecorcher Racine est si doux.

CHOEUR.

Le plus sage, à son tour
Commet sept fautes par jour.

EVELINA.

Sur cette femme de rien ,
Qui jadis n'écoutait rien ;
Et qu'on voit, dans son quartier,
Sortir avec un banquier ;
 Taisons-nous , (*bis.*)
Un cachemire est si doux.

CHOEUR.

Le plus sage à son tour, etc.

BOUL-DOG.

Sur vous roquets
 Toujours prêts
A nous mordre les mollets,
Sur vous flatteurs au rabais ,
Ou pamphlétaires-bassets ;
 Taisons-nous , (*bis.*)
Aboyer, mordre est si doux.

CHOEUR.

Le plus sage , etc.

MARCHE-AU-PAS.

Sur ce langoureux amant
Qui se noye ou bien se pend ,
Sur la sensible Suzon
Qui s' périt par le charbon ,
 Taisons-nous,
S' périr d'amour est si doux.

CHOEUR.

Le plus sage , etc.

MADELEINE.

Sus' maint' bonn' d' c' quartier-ci
Qui pour aller le lundi
Danser avec son pompier ,
Fait danser l'ans' du panier ;
 Taisons-nous ; (*bis.*)
Danser queuqu'fois est si doux.

CHOEUR.

Le plus sage , etc.

MACASSAR.

Sur cet adroit charlatan ,
Qui par malheur se trompant .
Au lieu d'une seule dent ,
En arrache deux souvent ,
 Taisons-nous , (*bis.*)
Fair' payer double est si doux.

CHOEUR.

Le plus sage , etc.

TROIS-SIX.

Lorsque Voltaire donnait
Vieux un ouvrage imparfait ;
Tout bas si l'on critiquait,
Dans la salle on répétait ,
 Taisons-nous , (*bis.*)
Le chant du Cygne est si doux.

CHOEUR.

Le plus sage , etc,

FLORINE , *au public*.

L'auteur en vous faisant voir
Cette bluette ce soir ,
Est bien coupable je crois ;
Mais il ne l'est qu'une fois ;
 Taisez - vous , (*bis.*)
Messieurs, vous le savez tous,
Le plus sage à son tour
Commet sept fautes par jour.

FIN.